NOTICE

SUR LA TRANSLATION DES RELIQUES

DE S. YVED ET DE S. VICTRICE

EN LA VILLE DE BRAINE

Par M. l'abbé Henri CONGNET

DOYEN DU CHAPITRE DE SOISSONS

(16 et 17 octobre 1865)

Les translations de reliques ont toujours été, dans l'Église catholique, l'occasion de grandes solennités et d'un nombreux concours d'ecclésiastiques et de fidèles ; les princes mêmes de l'Église se faisaient un honneur d'y assister. Il est souvent arrivé que Dieu, pour récompenser la foi et l'empressement des populations, y a manifesté sa puissance par des miracles, dus à l'intercession des saints dont on vénérait les ossements.

Les reliques qui sont conservées à Braine, et dont nous allons nous occuper dans cette dissertation, sont celles de saint Victrice et de saint Yved ou Évode, tous deux évêques de Rouen.

Saint Victrice est un des pontifes qui, à la fin du IVe siècle et au commencement du Ve, ont le plus illustré l'église des Gaules. Devenu évêque de Rouen, il eut des rapports d'amitié avec les saints les plus vénérés de son temps : saint Martin, saint Ambroise et saint Paulin de Nole, etc. Il mourut vers l'an 407. Son corps fut inhumé dans son église cathédrale.

Saint Yved ou Évode (*Evodus*) fut un des successeurs de saint Victrice, et il occupa le siége de Rouen probablement de 533 à 550. Dieu le favorisa du don des miracles. C'est aux Andelys, où saint Yved était allé remplir, avec son zèle accoutumé, les fonctions épiscopales, que le Seigneur l'appela à lui pour le récompenser de ses travaux. Son corps fut transporté avec grande pompe dans la cathédrale de Rouen.

Les ossements de ces deux pontifes furent conservés à Rouen jusqu'au milieu du ixe siècle, époque où le chapitre les retira de leur crypte pour les mettre en lieu de sûreté. Nous essayerons, dans cette courte dissertation, de répondre aux questions suivantes :

1° A quelle occasion les reliques de saint Victrice et de saint Yved ou Évode ont-elles été portées à Braine (1), et pourquoi cette ville a-t-elle été choisie de préférence pour conserver ce précieux dépôt?

2° A-t-on des raisons suffisantes de penser que les reliques soit de saint Yved, soit de saint Victrice, sont

(1) Depuis 1853, le conseil municipal de BRAINE réclame en vain de l'administration le rétablissement de la véritable orthographe du nom de cette ville. — Le *Dictionnaire des postes* écrit : BRAISNE. Il en est de même sur les murs de la station du chemin de fer. — Cette orthographe est contraire à l'usage et à l'étymologie, puisque le nom latin de cette localité est : *Brana, Brenna* ou *Brennacum*, mots où l's ne se trouve pas. — Voyez les *Bulletins* de la Société archéologique de Soissons, tome VII, pages 60-98-104.

restées à Braine depuis le milieu du ixe siècle jusqu'à l'époque de la révolution française?

3° Que sont devenues les reliques de saint Yved depuis 1793 jusqu'à présent?

4° Quelles sont les preuves que les reliques de saint Victrice ont été conservées à Braine jusqu'à ce jour?

5° A quelle occasion et comment s'est faite la nouvelle translation et le partage desdites reliques, en 1865?

I

Pourquoi les reliques de saint Victrice et de saint Yved ou Évode ont-elles été transportées à Braine vers le milieu du ixe siècle?

Quiconque a parcouru seulement quelques volumes de l'histoire de l'Église catholique sait parfaitement jusqu'où nos pères portaient la vénération pour les reliques des martyrs et des saints confesseurs. Ils les recueillaient même au péril de leur vie ; et quand une fois ils étaient parvenus à en obtenir quelques portions, ils mettaient toute leur vigilance à les conserver, à les préserver de toute avarie, et surtout à empêcher qu'elles ne fussent dérobées ou profanées.

Pour peu que l'on soit instruit de la doctrine catholique au sujet des reliques, on conçoit cet empressement pour honorer des corps qui ont renfermé des âmes si nobles et si sublimes, des corps qui ont été l'instrument de tant d'actes de vertu et de charité. L'humanité a toujours retiré des avantages réels du culte des reliques, entendu et réglé selon l'esprit de l'Église. A la vue de ces fragiles débris de si saints personnages, les plus imposantes figures de leur siècle, nous sentons notre propre courage se fortifier ; nous sommes portés à marcher sur leurs traces et à nourrir dans notre mémoire le souvenir de leurs vertus.

Ces idées, ces considérations justifient suffisamment la sainte avidité de nos ancêtres pour s'assurer la possession de quelques saintes reliques.

Or, au ixe siècle, des hordes d'hommes inconnus et féroces s'abattent tout à coup sur la Neustrie; partout où ils passent, le pillage, l'incendie, le carnage les accompagnent. Ils brisent les châsses pour s'emparer de l'argent, de l'or, des pierres fines qui les entourent. —La cathédrale de Rouen a toutes raisons de craindre la profanation des corps de plusieurs de ses vénérés pontifes et choisit le moyen le plus naturel pour les soustraire aux regards de ces nouveaux barbares :

La terre de Braine avec son château fort, s'est-on dit, appartient en propre (1) à l'église de Rouen (2) et en est éloignée de plus soixante lieues. C'est un héritage que lui a légué un de ses évêques, saint Ouen. Les soldats normands, jusqu'à présent, ne paraissent pas songer à diriger de ce côté leurs incursions. — Après de mûres réflexions, le chapitre de Rouen prit donc une détermi-

(1) *Brana ecclesiæ Rotomagensis juri subjacuit ad seculum X, quo intervallo nobilitata fuit sacro B. Evodii pignore. (Gall. Christiana,* t. IX, p. 489.)

(2) Le domaine de Braine fut enlevé à l'Église de Rouen, en 931, par un comte nommé Hugues.

nation. Les corps de saint Victrice et de saint Yved ou
Évode furent retirés de leur crypte et transportés à
Braine. — Tous les historiens (1) sont d'accord sur ce
fait, dont on fixe la date vers 844.

II

Nous avons les plus fortes raisons de penser que depuis le milieu du ıx^e siècle jusqu'à la révolution française les reliques de saint Yved ou Évode sont restées à
Braine.

Les documents historiques ne nous font pas défaut;
nous en trouvons d'incontestables qui se succèdent et
s'échelonnent de siècle en siècle, et témoignent claire-
ment de la présence des reliques de saint Yved et de
saint Victrice à Braine. — Parlons d'abord de celles de
saint Yved ou Évode.

Au commencement du xıı^e siècle (de 1130 à 1137),
l'évêque de Soissons, Joslein de Vierzy, d'accord avec
André de Baudiment, seigneur de Braine, remplace les
chanoines de la collégiale du château, gardiens du corps
de saint Yved, par des chanoines réguliers de Prémontré;
et Agnès de Braine, sa femme, conçoit aussitôt le projet

(1) Lecointe, *Annales ecclesiastici ; — Gallia christiana*, t. IX et XI ;
— *Bollandistes*, t. IV, octob., et t. II, august.; — Pommeraye, *Histoire
des archevêques de Rouen* ; — Carlier, *Histoire du Valois*, t. I ; —
Hugo, *Annales Præmonstratenses*, in-fol., t. I; — Baillet, *Vies des
saints ; —* Godescard, *Vies des saints.; —* Fallue, *Histoire politique et
religieuse du diocèse de Rouen*, 4 vol. in-8°; — Longueval, *Histoire de
l'église gallicane ; —Breviarium Rothomayense ; —*Giry,*Vies des saints.*

de construire pour ces religieux une église plus vaste et plus majestueuse, afin d'y placer le corps du glorieux pontife saint Yved ou Évode. Si elle-même n'a pas eu le temps de mettre son projet à exécution, ses descendants auront à cœur d'élever le temple magnifique, objet de tous ses vœux. Et, en effet la nouvelle église fut commencée vers 1180, par Agnès de Baudiment (1), et consacrée en 1216.

Et c'est cette même année 1216, que l'archevêque de Reims, Alberic, et Haymard de Provins, évêque de Soissons, transportent solennellement, *pompatico apparatu*, de l'ancienne église dans la nouvelle, *ex vetere ecclesia*, le coffre renfermant le corps de saint Yved, *feretrum sancti Evodii in recentiorem deportarunt* (*Annal. Præmonstr.*, t. Ier, p. 394-412). Donc les reliques de saint

____

(1) Vers l'an 1100 la terre de Braine était devenue la possession d'André de Baudiment et d'Agnès, fille de Thibaut, comte de Champagne. Tous deux embrassèrent la profession religieuse en 1137. Leur fils Guy, marié à une dame Alix, eut trois enfants, dont deux fils qui se firent religieux. Leur fille se nommait Agnès, comme son aïeule, et était, comme elle, comtesse de Braine. Elle avait hérité de la terre de Braine en 1144 et s'était mariée. Après la mort de son premier mari elle épousa, en 1152, le frère du roi Louis VII, Robert, comte de Dreux. — Ce fut cette deuxième Agnès de Braine, petite-fille de la première, qui mit à exécution le vœu de ses grands parents en commençant la construction de la nouvelle église, tant admirée aujourd'hui, et dont on entreprend, avec intelligence, la restauration sous la direction de M. Viollet-le-Duc ; restauration à laquelle contribuent généreusement le conseil municipal, la fabrique et la population tout entière. — On voit au presbytère de Braine une représentation exacte en relief de l'église de Saint-Yved, telle qu'elle était avant la révolution. Ce précieux fac-simile a été exécuté par M. Féry, et donné à sa mort, par sa légataire universelle, aux doyens successifs de Braine.

Yved étaient restées pendant deux cent cinquante ans dans la collégiale du château.

Quelques années plus tard, en 1244, Gérard, seizième abbé du monastère de Braine, ne trouvant pas sans doute l'ancien coffre assez digne du précieux dépôt qu'il contenait, fit faire une nouvelle châsse, et invita l'évêque de Soissons, Raoul de Loudun, et l'évêque de Laon, Garnier, à venir faire la translation solennelle (1) du corps de saint Yved ou Évode ; ce qui eut lieu en effet, au milieu d'un grand concours de peuple (*Annal. Præmonstr.*, ibid.).

Le fait et la date précise de cette translation ont été relatés dans les vers suivants, lesquels sont transcrits dans le *Gallia Christiana* et les *Ann. de Prémontré*.

Præsule Rothomago sed et hospite Brana beato (2)
Gaudeat Evodio capsa præsente locato :
Quem Florentinus Celinaque, regna regente
Gallica Clotario, Domino genuere favente.
Hoc vas fecisti gemmis auroque decorum,
Anno milleno ducenteno quoque quarto,
Cum quadrageno Domini pariter sociato.

La vénération que les reliques de saint Yved inspiraient aux populations devint si générale que, quoique le nouvel édifice dans lequel elles reposaient fût dédié à Notre-Dame, on ne le désignait cependant que sous le nom d'*Église de saint Yved*, dénomination qui lui est défini-

(1) *Gerardus I, an. 1244, corpus S. Evodii ab. episc. Suess. et Laudun. in capsam ornatiorem transferri curavit. (Gallia Christ. t. IX, p. 491.)*

(2) Le *Gallia Christ.* écrit : *sedet..... vocato..... hic vas.....* — Sauf meilleur avis, nous proposons : *sed et..... locato..... hoc vas.*

tivement restée, sans que la principale patronne, la sainte Vierge Marie, ait été dépossédée de son titre primitif.

Ce culte des ossements sacrés du saint pontife de Rouen ne fit que s'accroître avec les années, à tel point que, malgré les troubles qui agitèrent souvent le Soissonnais, les reliques de saint Yved inspiraient le respect aux plus forcenés.

C'est ce dont on a eu une nouvelle preuve au milieu du xviie siècle. L'historien du Valois rapporte qu'une armée composée d'Allemands et de Français, sous la conduite de Léopold Guillaume, archiduc d'Autriche, s'étant emparée de Braine (1650), y commit toutes sortes de désordres. La ville ainsi que l'abbaye fut livrée au pillage, l'église servit d'écurie, beaucoup de tombes furent brisées, et néanmoins, comme l'affirme expressément l'abbé Carlier (tom. III, p. 8 et xxij), les soldats respectèrent la châsse de saint Yved.

Dom Martène publia en 1724 le *Voyage littéraire*, qu'il avait entrepris en 1718; dans cet ouvrage il fait mention de la châsse de saint Yved, que l'on portait en procession dans les rues de Braine, le mercredi après la Pentecôte; lui-même avait assisté à cette cérémonie.

En 1734, Hugo, abbé d'Estival et évêque *in partibus* de Ptolémaïs, énumérant, dans les *Annales de l'ordre de Prémontré*, les reliques conservées alors dans l'abbaye de Braine, atteste qu'on y vénérait le corps de saint Yved ou Évode, *corpus integrum sancti Evodi ibidem honorifice asservari.*

Il existe encore aujourd'hui à Braine quelques vieillards qui, dans leur enfance et immédiatement avant l'époque de la révolution française, ont été témoins du culte rendu aux reliques de saint Yved.

C'est donc un fait incontestable que la présence à Braine des reliques du saint pontife de Rouen, d'une manière constante et non interrompue, depuis le milieu du ixᵉ siècle jusqu'à la révolution française.

Notre assertion n'est pas infirmée par deux documents dont nous allons parler.

Au monastère de Saint-Loup de Troyes on voyait quelque portion des reliques de saint Yved ; elles furent visitées en 1496, et la vieille châsse fut renfermée dans une nouvelle par le curé Guénin. (Bolland., tom. IV d'octobre.)

En 1670, le prieur de l'Ile-Adam ayant proposé l'église métropolitaine de Rouen un échange de reliques, le chapitre cathédral y consentit, à condition que ledit prieur enverrait des ossements de saint Yved; ce qui suppose qu'à l'Ile-Adam on en possédait au moins quelque portion. (M. Falluc, *Histoire de l'église de Rouen*, t. IV, p. 217.)

Tout ce que l'on peut conclure de ces deux faits, c'est que l'église de Rouen, avant d'envoyer à Braine le corps de saint Yved, en avait peut-être déjà distrait quelque mince portion pour en gratifier quelques autres monastères ; ou bien, depuis la translation, au ixᵉ siècle, les moines de Saint-Yved ont consenti à céder quelques ossements du saint pontife à des églises amies, sans qu'il soit parvenu jusqu'à nous aucun acte constatant cette concession.

Enfin, nous pouvons, pour corroborer notre thèse,

présenter un dernier argument, argument négatif, à la vérité, mais qui n'est pas sans valeur ; il est tiré du silence absolu gardé par les histoires du diocèse de Rouen sur le retour des reliques de saint Yved à l'église métropolitaine de Rouen.

En effet, tous ceux qui ont écrit l'histoire de la métropole de Rouen n'ont jamais manqué de mentionner les nombreuses translations de reliques qui ont été faites dans cette ville, et d'en relater la date précise.

On y lit, par exemple, qu'en 914 Rollon manda au roi de France (Charles le Simple) qu'il eût à lui rendre *son prêtre* (c'est-à-dire le corps de saint Ouen), s'il voulait conserver la paix ; et le corps de saint Ouen fut ramené en triomphe dans sa ville épiscopale. Il en fut de même pour les reliques de plusieurs autres saints. On vit successivement arriver à Rouen les corps de saint Lô et de saint Romphaire ; celui de saint Sever, en 989, et, pendant la peste de 1053, celui de saint Wulfrand. En 1079, Guillaume Bonne-Ame fait une translation des restes de saint Romain. Eudes, abbé de Saint-Médard de Soissons, envoie, en 1091, à l'abbé de Saint-Ouen de Rouen, la tête de saint Romain et un bras de saint Godard. Vers la fin du xiiᵉ siècle (1176), l'archevêque Rotrou met dans une nouvelle châsse le corps de saint Romain, etc., etc. (M. Fallue, *passim*).

Nous croyons inutile de multiplier davantage les citations, et nous terminerons en disant :

Puisque les histoires de la métropole de Rouen ne manquent jamais de relater les translations de reliques qui ont eu lieu à Rouen ; que, d'un autre côté, elles af-

firment que le corps de saint Yved a été transporté de
Rouen à Braine ; et qu'enfin elles ne parlent jamais du
retour de ces reliques, il est permis de conclure que ce
retour n'a jamais eu lieu et que les reliques du saint
pontife sont, en effet, restées dans la localité où l'église
métropolitaine les avait envoyées, c'est-à-dire à Braine,
dont le château était regardé avec raison comme un lieu
de sûreté.

Cette conclusion probable devient une certitude pour
quiconque pèse la valeur des documents historiques rap-
portés plus haut.

III

Ce que sont devenues les reliques de saint Yved depuis
1793 jusqu'à présent.

Personne n'ignore quelle guerre à outrance a été dé-
clarée par les révolutionnaires aux châsses contenant des
reliques de saints. La cupidité y eut autant de part que
l'impiété. La dévotion sincère et généreuse de nos pères
avait fait de ces pieux monuments élevés à la gloire des
serviteurs de Dieu des chefs-d'œuvre de sculpture et
d'orfévrerie, des joyaux resplendissants d'or, d'argent,
de perles, de pierreries, d'ivoire, d'émaux, de pein-
tures, etc. Tous les arts, en un mot, y avaient apporté
leur tribut. Quelle proie plus attrayante pour des vo-
leurs? Et quelle facilité pour s'en emparer! Il suffisait de
le vouloir. On s'associait quelque prétendu patriote, on
forçait les portes d'une église ou d'un monastère, et on
enlevait tout ce qui paraissait avoir quelque valeur.

Quant aux reliques, on en faisait peu de cas, on les jetait dans la poussière ou dans le feu, et on ne se mettait guère en peine de savoir ce qu'elles deviendraient. On venait de mettre la main sur de l'or, sur de l'argent, sur des pierres précieuses, on se tenait pour satisfait.

Que d'admirables œuvres d'art ont été brisées par les municipaux d'alors! Que de reliques précieuses ont été perdues! Soissons a été ainsi privé pour toujours des restes de ses premiers évêques, saint Sixte et saint Sinice, de saint Prince, de saint Onésime, de saint Gaudin et de bien d'autres. A peine a-t-on pu sauver quelques minces fragments des martyrs soissonnais saint Crépin et saint Crépinien.

La châsse de saint Yved, à l'abbaye de Braine, était d'argent doré, longue d'un mètre soixante centimètres, sur une hauteur de soixante-dix centimètres. Le toit était surmonté d'un élégant clocheton; les parois étaient divisées en petites niches garnies chacune de statuettes en vermeil, qui étaient debout et tenaient un livre à la main (1). Dans la niche du milieu, on voyait assise la statuette de saint Yved, en crosse et en mitre. Des vieillards de la localité nous ont dit, dernièrement, qu'ils se souvenaient fort bien d'avoir vu cette châsse dans leur jeunesse, et que la description que nous venons de donner était entièrement conforme à la vérité.

Il ne faut pas confondre la châsse qui renfermait le corps ou une grande partie du corps de saint Yved avec un *reliquaire en ivoire sculpté*, conservé au musée de

(1) Un fragment de main tenant un livre est encore conservé au presbytère de Braine.

Cluny sous le n° 399, et désigné sous le nom de « *Chásse
de saint Yvet, de l'abbaye de Braisne en Soissonnais.* »
Travail admirable présentant quarante-deux figures en
relief sous des arcades en plein cintre. On y voit les
trois mages, la sainteVierge, saint Siméon, saint Joseph,
le Christ entouré de ses apôtres. Sur le couvercle sont
des patriarches, des prophètes et des rois de l'Ancien
Testament. Très-certainement, ce n'était pas là la châsse
de saint Yved; ce joli reliquaire était beaucoup trop
petit pour renfermer la plus grande partie de son corps
(*corpus integrum sancti Evodi*). D'ailleurs, Hugo, abbé
d'Estival et évêque de Ptolémaïs, nous apprend ce que
contenait cet ivoire; c'était une portion, assez restreinte
sans doute, des reliques de saint Barnabé, de saint Luc et
de saint Nicaise, *sanctorum Barnabæ, Lucæ et Nicasii
martyris in theca eburnea, arte eleganti elaborata*
(p. 403). Cette petite châsse (1) était déposée dans la
chapelle sépulcrale de l'abbé Barthelemy.

Au contraire, la grande châsse renfermant la plus
grande partie du corps de saint Yved était placée au fond
de l'abside de l'église et au-dessus du maitre-autel.

C'est là que les révolutionnaires vinrent la prendre
pour la trainer dérisoirement dans les rues de Braine, au
milieu d'une foule de spectateurs, les uns attristés, les
autres honteusement joyeux, selon les divers sentiments
dont chacun était affecté.

(1) Les conservateurs du musée de Cluny pourraient rectifier l'éti-
quette de ce joli reliquaire en ivoire, et l'intituler : *Châsse provenant
du trésor de l'abbaye de saint Yved ou Évode de Braine en Soissonnais.* — Ivoire sculpté, xii° siècle.

Ce riche monument d'orfévrerie fut brisé, sous une grande porte, à l'angle de la rue du Martroy, et les débris furent, dit-on, envoyés à la Monnaie. Quant aux ossements de saint Yved ou Évode, ils furent jetés à terre. Plusieurs fidèles s'empressèrent de recueillir rapidement quelques-uns des saints ossements et les remirent à M. l'abbé Maugras, remplissant alors les fonctions de curé. — M. Maugras les transmit à M. Soher, le premier curé-doyen de Braine, après le concordat (1802). A la mort de ce dernier (1812), les reliques de saint Yved ou Évode passèrent entre les mains de son successeur, M. Jean-Baptiste-Jacques Petit de Reimpré, qui s'empressa (1813) d'attirer sur ce précieux dépôt l'attention de Mgr Jean-Claude Leblanc de Beaulieu, évêque de Soissons. Une enquête fut faite auprès des témoins oculaires de la préservation des reliques en 1793, et, après un examen sérieux de leurs dépositions, les reliques furent déclarées authentiques, c'est-à-dire qu'on reconnut que c'étaient celles qui avaient été recueillies par des fidèles au moment où on les jetait hors de la châsse de saint Yved. L'acte épiscopal d'authenticité est daté du 1er août 1813. Un médecin appelé pour dénommer les ossements recueillis alors et conservés jusqu'en 1813 les désigna ainsi :

Les deux os fémurs, l'un de droite, l'autre de gauche; les deux os des hanches ou os iliaques; deux tibias; les deux humérus; une vertèbre dorsale; une partie des osselets des mains ou des pieds et trois morceaux du chef, dont un fort considérable (qui depuis a été cassé en deux).

De ces ossements, on mit de côté, pour être offerts et

envoyés à la cathédrale de Soissons : un tibia entier, un autre tibia en deux morceaux, une vertèbre dorsale et trois osselets des mains.

Les ossements qui restèrent à Braine, c'est-à-dire deux fémurs, deux os iliaques, deux humérus, une grande partie des os de la tête, une partie des os des mains et des pieds, et quelques fragments des côtes, furent aussitôt renfermés dans une châsse de bois et scellés avec de la cire rouge. Mgr Leblanc de Beaulieu permit de les exposer à la vénération publique (Procès-verbal du 1er août 1813). C'est cette même châsse que, depuis une vingtaine d'années, on a porté en procession, chaque année, autour de la ville de Braine, le lundi de la Pentecôte. (L'ancienne châsse était, de temps immémorial, portée en procession le mercredi d'après la Pentecôte, jour anniversaire du miracle dit du *vrai corps Dieu*).

IV

Quelles sont les preuves que les reliques de saint Victrice, évêque de Rouen, ont été conservées à Braine jusqu'à présent ?

Les reliques de saint Victrice ont été, au ixe siècle, apportées de Rouen à Braine en même temps que celles de saint Yved ; tous les historiens s'accordent sur ce point. On les déposa d'abord dans l'église du prieuré de Saint-Remi de Braine (1). Agnès, femme de Robert de

(1) Les auteurs du *Gallia christiana* se trompent en disant: *Corpus S. Victricii Branam delatum fuerat IX sec., depositumque in eccle-*

Dreux, donna : 1° Une portion des ossements de saint Victrice à l'église paroissiale de Saint-Nicolas de Braine (Procès-verbal de Mgr Lefebure de Laubrière, évêque de Soissons de 1732 à 1738).

2° Une autre portion à l'abbaye de Saint-Yved (*ibid.*).

3° On sait aussi qu'au commencement du xiie siècle un bras de saint Victrice fut porté au monastère de la Charité-sur-Loire (Nièvre), monastère auquel fut soumis plus tard le prieuré de Saint-Remi de Braine (*Ex chronic. mss. Richardi Monachi.* Lebeuf, *Recueil de divers écrits*).

4° Dans la suite, on prit dans la châsse de l'église paroissiale de Saint-Nicolas de Braine quelques ossements de saint Victrice, qui furent donnés tant aux Célestins de Soissons qu'aux religieuses de l'abbaye royale de Notre-Dame de la même ville (Procès-verbal de M. de Laubrière). Et, en effet, dans l'histoire de l'abbaye par D. Germain, au chapitre « *l'Isle des saintes reliques,* » on lit : « Un ossement de saint Victrice, archevêque de Rouen, dans un coffre d'or enrichi de pierres précieuses. » (Page 403.)

Ces libéralités de faveur avaient tant soit peu diminué le saint dépôt de Braine, qui resta dès lors moins considérable que celui de saint Yved. On ignore ce que sont devenus ces ossements donnés à diverses églises.

---

sia tunc S. Remigii, nunc S. Evodii dicta. L'église de Saint-Remi était située dans le faubourg de Braine, du côté du chemin de Soissons. L'église de Saint-Yved est située au côté opposé, à l'autre bout de Braine. En aucun temps l'église Saint-Remi n'a changé son nom en celui de Saint-Yved. — Quiconque veut écrire l'histoire ferait bien de visiter les lieux dont il doit parler.

Quant aux ossements de saint Victrice, dont il s'agit en ce moment de rechercher et de reconnaître l'identité et l'authenticité, ce sont ceux qui, avant la révolution, étaient vénérés dans l'église paroissiale de Saint-Nicolas de Braine.

Nous avons sur cette question un document certain, existant encore aujourd'hui. Nous l'avons tenu entre nos mains; et, après l'avoir lu, nous en avons nous-même fait une copie, afin de conserver un témoignage authentique des soins minutieux que prenait en ce temps-là l'autorité épiscopale avant de déclarer l'authenticité d'une relique. Ce document est une enquête et un procès-verbal fort détaillés, sur douze pages écrites sur parchemin. L'évêque de Soissons, Mgr Lefebure de Laubrière, conseiller du roi en tous ses conseils et d'honneur en tous les parlements du royaume, se transporta au presbytère de saint Nicolas, accompagné de MM. de Laubrière et Chauvelin, ses grands vicaires et tous deux docteurs en théologie, pour procéder à l'enquête et entendre les témoins au sujet des reliques de saint Victrice. Les séances durèrent trois jours, et le procès-verbal en est le résumé.

On y lit :

1° Que les témoins requis étaient tous natifs de Braine, et âgés de soixante-dix à quatre-vingts ans, ce qui fait remonter leur déposition personnelle, et *de visu*, au milieu du xviie siècle. Mais il faut reculer de deux siècles en arrière si l'on veut les considérer également comme témoins auriculaires, ne déposant que ce qu'ils ont entendu dire bien des fois à leurs pères et à leurs aïeux.

C'est qu'en effet ils affirmèrent qu'ils avaient appris de leurs ancêtres, par audition de père en fils, que les reliques de saint Victrice avaient toujours été honorées à Braine, de temps immémorial, et que de tout temps elles avaient attiré un grand concours de fidèles qui faisaient toucher des linges à sa châsse, dans l'espérance d'obtenir la guérison des malades par l'intercession de saint Victrice.

2° Que le prieur et le sous-prieur de saint Yved, après avoir mis la main *ad pectus*, attestèrent que depuis plusieurs siècles les chanoines réguliers de Prémontré de Braine ont été et sont encore dans l'usage de se rendre en corps à l'église de Saint-Nicolas le jour de la fête de saint Victrice, d'y chanter une messe très-solennelle (*ritu majori triplici*) et de faire, en portant la châsse de saint Victrice, une procession autour de l'église.

3° Qu'on présenta à Mgr de Laubrière une copie collationnée d'un règlement du 3 juillet 1531 où l'on détermine à quoi on doit employer les offrandes qui se font à la châsse de saint Victrice ; ce qui suppose nécessairement la présence de cette châsse et des reliques de saint Victrice qui y sont renfermées.

4° Que Mgr Languet de Gergy, évêque de Soissons de 1715 à 1731, prélat fort instruit, membre de l'Académie française et du Conseil d'État, ayant, pendant son épiscopat, examiné lui-même la châsse de saint Victrice, loin d'avoir conçu aucun doute sur l'authenticité de ses reliques, avait contribué de ses deniers à l'acquisition d'une nouvelle châsse, et avait ensuite ordonné une quête à ce sujet.

5° Qu'il est de notoriété publique que les reliques de saint Victrice, envoyées de Rouen à Braine vers le milieu du ix° siècle, ont été, dès le xii°, transportées dans l'église paroissiale de Saint-Nicolas de la même ville, par les soins d'Agnès, comtesse de Braine, et que depuis ce temps, elles y ont toujours été en grande vénération et honneur.

6° Qu'un médecin et deux chirurgiens, ayant été appelés par Mgr de Laubrière, trouvèrent dans la châsse cinq ossements qu'ils dénommèrent ainsi : un os de la cuisse, un tibia, un péroné, une omoplate et le coccyx (on soupçonne qu'ils auront dit un *coxa*).

7° Que Mgr de Laubrière, jugeant, d'après les raisons ci-dessus exposées, que l'authenticité desdites reliques et ossements était suffisamment constatée, les a transférés de l'ancienne châsse de bois dans une autre boîte de bois de sapin, sur les mêmes linges et étoffes sur lesquels ils reposaient auparavant, fit chanter un *Te Deum* et ordonna une procession où l'on porterait la châsse de saint Victrice à l'abbaye de Saint-Yved. Il régla ensuite que, pour conserver le souvenir de ce qu'il venait de faire, on ferait chaque année, dans l'office, mémoire de cette translation. — Voilà pourquoi le rit soissonnais avait fixé la fête de saint Victrice au 5 mai. Aujourd'hui, on la célèbre à Braine le dimanche le plus rapproché du 5 mai.

Telles sont les preuves péremptoires que les reliques de saint Victrice existaient à Braine dans l'église de Saint-Nicolas avant la révolution et de temps immémorial.

Néanmoins, à ces preuves, ce semble, si palpables, on

oppose le sentiment de deux auteurs fort graves : le bénédictin dom Pommeraye et les savants bollandistes :

« La châsse de saint Victrice, dit Pommeraye, tomba entre les mains des hérétiques, qui firent pareil traitement à ses ossements sacrés qu'ils avaient fait à quantité d'autres, les ayant jetés au feu, où ils furent consumés et réduits en cendres. » (*Histoire des archevéq. de Rouen*, éditée en 1667.)

Les bollandistes, au tome II du mois d'août (édité en 1734 ou 1735), après avoir dit que le corps de saint Victrice a été porté à Braine, *corpus ejus Brennam translatum*, ajoutent qu'il a été brûlé en 1561 par les hérétiques, *combustum anno 1561 ab iconomachis.*

Qui ne voit que, dans l'espèce, ces deux autorités ont peu de valeur ? Les bollandistes paraissent avoir adopté de confiance et sans vérification l'opinion du bénédictin D. Pommeraye.

On peut sans doute les excuser d'avoir ignoré à Anvers ce qui se passait à Braine l'année même où ils composaient ou commençaient à éditer leur deuxième tome du mois d'août (de 1733 à 1735). Néanmoins, si, avant l'impression, ils avaient eu la bonne pensée d'écrire à Braine, ils auraient appris ce que pensait des reliques de saint Victrice l'évêque diocésain, le célèbre M. Languet, qui, après les avoir examinées lui-même, avait contribué de ses deniers à l'achat d'une nouvelle châsse, comme nous l'avons déjà dit.

Quant à dom Pommeraye, il écrivait soixante-six ans avant l'enquête de Mgr de Laubrière ; et il est bien probable qu'il s'est contenté de répéter des ouï-dire, sans prendre la peine d'écrire aux religieux prémontrés de Braine, qui l'auraient exactement renseigné sur ce point important.

Les auteurs du *Gallia christiana*, dans le tome XI⁰, publié en 1759, se sont bien gardés d'adopter le sentiment de Pommeraye et des bollandistes sur l'incinération prétendue des reliques de saint Victrice. Après avoir cité, ironiquement sans doute, le sens du passage des jésuites d'Anvers : *In cineres reductum est, ex eruditis bollandis, anno 1561, a furentibus calvinistis,* ils reprennent d'abord les savants hagiographes sur la date : *melius dicendum fuisset, ann. 1562;* et ensuite ils combattent l'opinion de la destruction des reliques de saint Victrice par le feu, en citant un long passage de la dissertation de l'un des hommes les plus instruits sur les détails de l'histoire de France, l'abbé Le Bœuf, chanoine et sous-chantre de l'église d'Auxerre. Dans son *Recueil de divers écrits pour servir d'éclaircissements à l'histoire de France*, se fondant sur la connaissance qu'il avait de l'enquête de Mgr de Laubrière, et en faisant allusion à la phrase des bollandistes : *Corpus sancti Vitricii combustum ab iconomachis ann. 1561,* déclare leur assertion non fondée : *at rumor iste falso nititur fundamento quoad sancti Victricii corpus integrum. Quinque nimirum inter grandiora ossa corporis sancti præsulis apud Branam, sub altari ecclesiæ parochialis Sancti Nicolai, etiam a bellorum istorum temporibus asservata sunt in sarcophago ligneo (ibid.).* — Les calvinistes, qui saccagèrent le prieuré de Saint-Remi, ont peut-être brûlé les ossements du saint pontife qui y étaient conservés; mais les cinq ossements qui étaient sous l'autel de l'église de Saint-Nicolas ont été certainement préservés. Ce sont ceux que nous avons décrits ci-dessus.

L'objection tirée de Pommeraye et des bollandistes croule donc d'elle-même, faute de fondements solides.

Aussi nous ne doutons pas que les savants et consciencieux continuateurs des *Acta sanctorum* n'aient à cœur de rectifier l'erreur de leurs devanciers, aussitôt qu'ils en trouveront l'occasion.

Que sont devenues les reliques de saint Victrice depuis leur reconnaissance faite par Mgr de Laubrière, en 1733, jusqu'à présent ?

De 1733 à 1793, la nouvelle châsse en bois de sapin, scellée par Mgr de Laubrière, a été vue et vénérée constamment par tous les habitants de Braine. Ainsi l'ont attesté beaucoup de personnes qui résidaient à Braine avant 1793. Ainsi l'attestent encore les vieillards qui ont survécu jusqu'à ce jour.

A l'époque désastreuse de 1793, le curé constitutionnel Maugras, desservant alors la paroisse, a recueilli *précisément les cinq ossements* décrits par les médecin et chirurgien nommés dans le procès-verbal de Mgr de Laubrière. M. Maugras les a transmis à M. Soher, curé-doyen de Braine, de 1802 à 1812. A la mort de ce dernier, M. Petit de Reimpré, son successeur, en fit reconnaître l'authenticité par Mgr Leblanc de Beaulieu, le 1er août 1813, et céda à la cathédrale de Soissons un fémur et un tibia. Les autres ossements de saint Victrice, au nombre de trois, furent renfermés et scellés dans une châsse de bois, et jusqu'en 1865 ils y sont restés tels que les avait placés Mgr de Beaulieu et M. Petit de Reimpré, curé-doyen de Braine.

V

Quelles circonstances ont déterminé à faire une nouvelle translation des reliques de saint Yved et de saint Victrice, et à céder à l'église de Rouen une partie de ces précieux ossements?

Le hasard ou plutôt un heureux concours de diverses circonstances ont tout naturellement amené l'église métropolitaine de Rouen à demander à Braine quelque portion des reliques de ses deux pontifes, saint Victrice et saint Yved ou Évode.

Deux ecclésiastiques, l'un soissonnais (1) et ayant habité Braine dans son enfance, l'autre rouennais (2), se rencontrent fortuitement, il y a quelques années, dans une maison tierce. C'était chez M. l'abbé Lequeux, chanoine de la métropole de Paris. — La conversation s'engage, on entre en connaissance, puis on se sépare. — En 1863, M. l'abbé Vincent est appelé à Braine pour y prêcher, le lendemain de la Pentecôte, à l'occasion de la procession commémorative du miracle du *vrai corps Dieu*, procession dans laquelle on porte la châsse de saint Yved. — L'orateur, en faisant l'éloge du saint pontife, félicite la ville de Braine de posséder les reliques de deux grands évêques de Rouen; mais remarquant la vétusté de leurs châsses, il exhorte les fidèles à contribuer par

(1) M. l'abbé Vincent, missionnaire apostolique.

(2) M. Ma'ais, curé de Saint-Martin-Église, au diocèse de Rouen.

leurs pieuses largesses à l'acquisition de châsses plus convenables. Ces paroles frappent le doyen. « Si la métropole de Rouen, dit-il, voulait bien nous venir en aide pour l'acquisition de nouveaux reliquaires, Mgr de Soissons consentirait peut-être à rendre à l'église métropolitaine de Rouen quelques portions des reliques de ses saints pontifes. » — M. Vincent se rappelle alors le savant et intéressant Rouennais avec lequel il s'était entretenu à Paris. Il lui écrit. — Quinze jours après, M. l'abbé Malais était à Braine, visitant les reliques de saint Yved et de saint Victrice. De retour à Rouen, il négocie l'affaire ; M. le chanoine Robert s'en fait le patron très-actif et très-intelligent. Deux châsses magnifiques et d'un prix élevé, produit des offrandes de Son Ém. le cardinal de Bonnechose et de plusieurs membres de son clergé, sont envoyées en présent à Braine, et l'on prend jour pour vérifier l'authenticité et opérer le partage des précieux ossements de saint Victrice et de saint Yved ou Évode.

M. Henri Congnet, doyen du chapitre de Soissons, et M. Barthélemy Delaplace, chanoine official, secrétaire général de l'évêché, sont délégués par l'Ordinaire pour ouvrir les châsses, en présence du curé-doyen de Braine, M. l'abbé Lecomte, chanoine du chapitre impérial de Saint-Denis, entouré de plusieurs ecclésiastiques, de plusieurs membres du conseil de fabrique, des membres de la confrérie de Saint-Yved et d'un docteur en médecine, M. Benoit. Les sceaux sont rompus. On découvre, sous les coussins sur lesquels reposaient les reliques, les procès-verbaux de Mgr Leblanc de Beaulieu, du 1er août 1813, et, en outre, dans la châsse de saint Vic-

trice, le procès-verbal (en douze pages in-4° sur parchemin) de l'enquête faite en 1733 par Mgr Lefebure de
Laubrière. Les ossements sont retirés un à un par le
docteur Benoît, qui les dénomme au fur et à mesure, et
tout est trouvé conforme à la teneur des procès-verbaux;
les reliques tant de saint Victrice que de saint Yved sont
identiquement les mêmes que celles qui ont été déclarées
authentiques en 1813 par Mgr Leblanc de Beaulieu.

On procède ensuite au partage; nous en donnerons le
détail un peu plus bas.

Cependant toutes les démarches avaient été faites,
au nom de Mgr l'évêque de Soissons, pour obtenir que Son
Éminence le cardinal de Bonnechose, archevêque de
Rouen, vînt présider en personne la cérémonie de la
remise des reliques de ses bienheureux prédécesseurs,
saint Victrice et saint Yved ou Évode. M. l'abbé Lecomte
avait même fait à cette intention le voyage de Rouen.
Enfin, le cardinal, surmontant tous les obstacles, arriva
directement à Braine (1) par le chemin de fer, le lundi
16 octobre. Mgr l'évêque de Soissons vint le rejoindre
à la gare. Le soir même, les deux prélats se rendirent
en procession du presbytère à l'église.

Dans l'allocution adressée à Son Éminence le cardinal
de Bonnechose, M. Lecomte, curé-doyen, a fait ressortir
les rapports qui se trouvent établis depuis le ve siècle
entre l'église de Rouen et l'église de Soissons.

---

(1) M. Leblanc, maire de la ville de Braine, avait préparé un appar-
tement pour Mgr le cardinal et Son Éminence fut reçue d'une manière
splendide. — Mgr de Soissons prit son logement au presbytère.

« Un de vos plus illustres prédécesseurs, a dit **M. Le-**
comte, saint Ouen, est né dans cette contrée, au château
de Sancy ; une fontaine du pays porte encore son nom.
Le château et la terre de Braine lui ont appartenu, et par
son testament ils sont devenus une des possessions de
l'église de Rouen ; et c'est à cette heureuse circonstance
que nous devons le bonheur d'avoir reçu en dépôt les
saints ossements qu'il va nous être donné de toucher et
de vénérer. L'abbaye de Saint-Médard de Soissons fut
aussi dépositaire du chef de saint Romain et du corps de
saint Godard ; mais, moins heureuse que l'abbaye de
Braine, elle dut rendre ces saints dépôts à l'église de
Rouen. Rappellerai-je encore d'autres titres d'union
entre les deux églises? Mgr de Fitz-James, évêque de
Soissons, fut sacré dans la cathédrale de Rouen, dont il
était grand vicaire. Mgr Leblanc de Beaulieu, qui scella
de son sceau les châsses que vont remplacer les nouvelles, dut arroser de ses larmes les ossements qu'il y
déposa et qui lui rappelaient des années qu'il regretta
toujours (1). Mgr de Simony, de si sainte mémoire, se
consacra pendant dix ans au ministère des campagnes à
Monterollier et à Saint-Martin-Osmonville, paroisses du
diocèse de Rouen. Enfin, mon prédécesseur, M. Nicolas-
Pierre Beaucamp, que je suis heureux de nommer dans

---

(1) M. Leblanc de Beaulieu, ancien génovéfain et vicaire de Saint-
Léger de Soissons, était curé de Saint-Séverin, à Paris, lorqu'il fut
nommé, en 1799, évêque métropolitain constitutionnel de la Seine-In-
férieure. Il pleura jusqu'à sa mort cet acte schismatique, et mena la vie
la plus édifiante pendant les vingt-quatre ans qu'il gouverna le diocèse
de Soissons, après le concordat de 1801.

cette circonstance, vint du même diocèse pour nous conserver ce temple majestueux et en solliciter la restauration, etc., etc. »

M. Lecomte termina son discours en indiquant rapi-
dement les bienfaits et les merveilles dont la ville de
Braine était redevable à la présence des reliques de saint
Yved et de saint Victrice.

On lut ensuite au peuple rassemblé dans l'église les
procès-verbaux de la reconnaissance et du partage des
reliques.

Les portions que Braine devait conserver furent dépo-
sées dans les deux splendides châsses données par l'église
de Rouen.

Dans celle de saint Yved, on a renfermé : un fragment
d'humérus, un fémur entier, un os iliaque entier, deux
morceaux de crâne, cinq osselets des mains et des pieds.

Dans celle de saint Victrice : une omoplate, un péroné
et la tête d'un fémur rendue par la cathédrale de Soissons.

On y a ajouté un fragment d'humérus provenant de la
spoliation d'une châsse de saint Victrice, ayant appartenu à l'abbaye de Saint-Yved. M. Beaucamp avait donné
ce fragment à M. l'abbé Vincent, qui le restitue aujour-
d'hui à l'église de Braine.

Après la bénédiction du très-saint Sacrement, le chanoine curé-doyen de Braine, ayant pris successivement
dans ses mains les ossements de saint Yved (1) et de saint
Victrice (2), enveloppés dans de la soie blanche, se pré-

____

(1) De saint Yved : un os iliaque, un fémur entier, les deux tiers d'un
humérus et deux fragments du crâne.

(2) De saint Victrice : un os iliaque.

senta devant le trône de Mgr de Bonnechose, et le pria
d'accepter, pour son église métropolitaine, ces ossements
sacrés de deux de ses bienheureux prédécesseurs que lui
offrait l'église de Braine, heureuse d'avoir pu conserver
intact le précieux dépôt qui lui avait été confié il y a tant
de siècles. Mgr le cardinal, touché jusqu'aux larmes d'avoir
le bonheur de tenir dans ses mains les ossements de ses
saints prédécesseurs, les baisa avec respect en présence
de tous les fidèles, très-édifiés de sa foi et de sa piété.

Le lendemain, mardi, Mgr Jean-Jules Dours, évêque de
Soissons, célébra pontificalement la grand'messe, pendant
laquelle Son Éminence adressa à l'assemblée une ins-
tructive et touchante exhortation.

La cérémonie de l'offrande offrit une particularité qui
surprit agréablement la plupart des fidèles réunis dans
l'église. Au milieu de la longue file des confrères de Saint-
Yved et de Saint-Victrice marchait lentement, tenant un
cierge à la main, une femme de très-petite stature et
paraissant fort avancée en âge. Elle-même avait demandé instamment à présenter le pain bénit au jour
solennel de la translation des reliques dans les nouvelles
châsses.

Elle voulait, par cet acte religieux, donner un témoignage public de sa reconnaissance pour la grâce insigne
qu'elle avait autrefois reçue de Dieu par l'intercession de
saint Yved, et voici en quelle circonstance :

Catherine Lacour, veuve Mignot, née à Braine et âgée
aujourd'hui de quatre-vingt-sept ans, était restée jusqu'à
sa septième année sans pouvoir marcher ; elle était nouée
dans tous ses membres, surtout aux genoux et aux arti-

culations des pieds. Il fallait la transporter partout où l'on voulait l'avoir. Sa mère, qui était pieuse et qui désirait sa guérison, ne manquait pas, chaque année, au jour de l'exposition de la châsse de Saint-Yved, d'aller à l'église de l'abbaye et de faire passer sa fille sous les reliques vénérées du saint. —En l'année 1785, elle la porta, comme à l'ordinaire, le mercredi d'après la Pentecôte, anniversaire du miracle du *vrai corps Dieu*, jour de grande solennité dans le monastère. Pendant la grand'- messe, à laquelle assistaient ce jour-là dans leur tribune le comte et la comtesse d'Egmont, la jeune enfant (Catherine Lacour) était assise sur la marche de la balustrade du chœur et se tournait sans cesse vers la châsse de saint Yved, regardant les fleurs dont elle était entourée, et priant sa mère de lui en donner quelques-unes. — Va en chercher toi-même, répéta plusieurs fois la mère. —L'enfant, excitée par ces paroles, fait un effort, se lève, et va, d'une marche assurée, passer sous la châsse du saint pontife, au grand étonnement de toute l'assistance. La comtesse d'Egmont, vivement émue de ce prodige, descend rapidement de sa tribune, court vers la petite Catherine, la serre dans ses bras, et, aussitôt que l'office est terminé, elle la prend par la main et l'emmène en triomphe au château, suivie d'une partie de la population, d'autant plus émerveillée de ce qui venait d'avoir lieu qu'il était de notoriété publique que pendant les sept années écoulées depuis sa naissance l'enfant n'avait jamais pu se tenir sur ses jambes. Dans les salons du château plusieurs se plaisaient à jeter à terre devant l'enfant des bonbons ou de petites pièces de monnaie pour essayer sa force et s'assurer de la réalité de sa guérison ; et Catherine, pour les ramasssrr, se baissait et se relevait aussi aisément qu'auraient pu le faire les autres enfants de son âge. Ce fut fête au château en l'honneur de l'enfant pendant le reste de la journée.

Un rapport sur cet événement fut envoyé à l'évêque diocésain, Mgr de Bourdeilles, lequel, après une enquête faite par son ordre dans la ville de Braine, où la jeune enfant était connue de tous les habitants, ordonna de chanter, le dimanche suivant, un *Te Deum* en actions de grâces de la guérison subite de l'enfant devant la châsse de saint Yved.

Depuis cette époque (de 1785 à 1865), c'est-à-dire depuis quatre-vingts ans, l'infirmité de Catherine Lacour n'a jamais reparu. Mariée à l'âge de vingt-sept ans au maître d'école Mignot, puis devenue veuve, elle n'a jamais manqué d'assister aux processions faites, chaque année, avec la châsse de saint Yved, et de faire brûler des cierges en l'honneur du saint pontife. Toujours pénétrée d'un profond sentiment de reconnaissance, elle a orné, il y a quelques années, l'autel du saint pontife d'un tabernacle sculpté et doré, et, lors de la translation des reliques dans la nouvelle châsse, elle a demandé que sa croix d'or fût attachée sur le coussin où reposent les précieux ossements du saint évêque de Rouen, et cette faveur lui a été octroyée.

En cette même année 1865, il existe encore à Braine des témoins de la guérison miraculeuse de Catherine Lacour, et tous les habitants de la ville l'ont toujours entendu raconter par leurs parents et grands parents.

La présence de la veuve Mignot au milieu de la pompe des cérémonies de la messe pontificale servit singulièrement à réveiller dans le cœur des assistants la foi en la puissance de Dieu et la confiance en l'intercession des saints Yved et Victrice, protecteurs de la ville, qui a conservé avec tant de soin et vénéré si pieusement leurs ossements sacrés pendant plus de dix siècles.

Les cérémonies religieuses à l'occasion de la translation des reliques de saint Yved et de saint Victrice se terminèrent, dans l'après-midi du mardi 17 octobre, par une procession solennelle, qui parcourut les principales rues de la ville. Les deux nouvelles châsses, don de l'église métropolitaine de Rouen, furent portées par les membres de la confrérie de saint Yved.

Chacun put admirer ces deux chefs-d'œuvre d'orfévrerie, sortis des ateliers de la maison Poussielgue, et exécutés d'après le modèle choisi par M. Viollet-le-Duc lui-même.

Ces deux châsses sont en cuivre doré, décorées d'émaux et de pierres fines, percées de huit ouvertures en plein cintre, et portées sur huit. lions. Sur le devant de chacune est gravée l'inscription suivante :

In honorem Dei et beati Evodi (et sur l'autre : *beati Victricii) ecclesia Rothomagensis, Normanniæ primitialis, memor præpositorum suorum hoc feretrum dono dedit ecclesiæ Regali et Conventuali Branensi, anno 1865.*

M. l'abbé Lecomte, curé-doyen, n'avait pas attendu jusqu'en 1865 pour raviver le culte rendu à saint Yved et saint Victrice de temps immémorial dans la ville de Braine. Dès l'année 1844, il avait sollicité et obtenu de

Mgr Jules-François de Simony, évêque de Soissons, une ordonnance en date du 20 avril, qui rétablissait, avec la procession en l'honneur du miracle dit du *vrai corps Dieu*, la confrérie de Saint-Yved et de Saint-Victrice, sur le modèle de celle établie dans l'ancienne abbaye et dont les statuts, donnés par le prieur Delasalle, le mardi de la Pentecôte 1729, sont encore conservés, en original, dans les archives de la paroisse. — La seule différence entre les deux règlements consiste dans le changement du jour fixé pour la procession commémorative du miracle, laquelle se fait maintenant le lundi de la Pentecôte, au lieu du mercredi, qui était le véritable jour anniversaire de cet événement à jamais mémorable.

Les populations qui environnent la ville de Braine ont conservé la pieuse habitude de faire un pèlerinage à saint Yved pendant l'octave de la Pentecôte ; — et à saint Victrice le dimanche le plus près du 5 mai et les jours suivants, époques où les châsses restent exposées chacune pendant huit jours à la vénération des fidèles.

Les pompeuses cérémonies de la nouvelle translation des reliques de ces vénérés pontifes, les 16 et 17 octobre 1865, laisseront une profonde impression chez les habitants de Braine et fourniront quelques pages de plus aux annales du pays, déjà si riches en souvenirs historiques.

Henri Congnet.

Paris. — Typ. Pillet fils aîné, 5, rue des Grands-Augustins.